Wann und wo wurde es gesagt? ________________

Wer hat es gehört? ______

Alter?

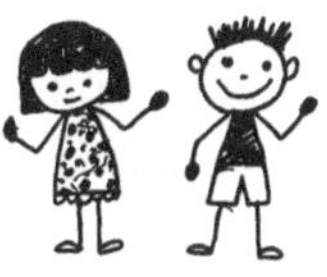

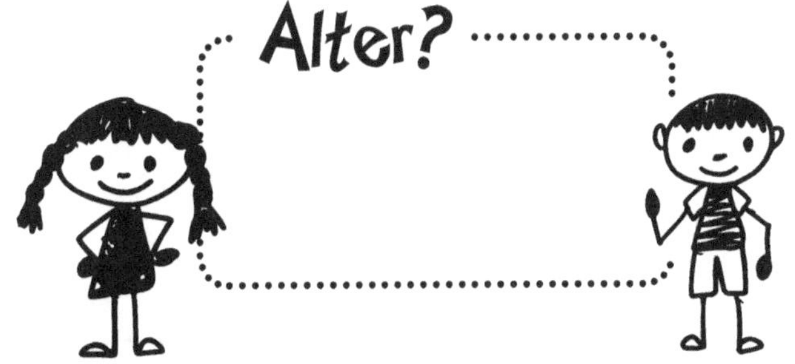

Wann und wo wurde es gesagt? _______________ Alter?

Wer hat es gehört? _______________

„

"

Wann und wo wurde es gesagt? _______________ Alter?

Wer hat es gehört? _______________

„

"

Wann und wo wurde es gesagt? ___________________

Wer hat es gehört? ___________________

3

Wann und wo wurde es gesagt? _______________ Alter?

Wer hat es gehört? _______________

„

"

Wann und wo wurde es gesagt? _______________ Alter?

Wer hat es gehört? _______________

„

"

Wann und wo wurde es gesagt? _______________

Wer hat es gehört? _______________

Alter?

Wann und wo wurde es gesagt? _______________ Alter? _______

Wer hat es gehört? _______________

Wann und wo wurde es gesagt? _______________ Alter? _______

Wer hat es gehört? _______________

Wann und wo wurde es gesagt? _______________

Wer hat es gehört? _______________

"

"

7

Wann und wo wurde es gesagt? _______________ Alter?

Wer hat es gehört? _______________

„

"

Wann und wo wurde es gesagt? _______________ Alter?

Wer hat es gehört? _______________

„

"

Wann und wo wurde es gesagt? _______________________

Wer hat es gehört? _______________________

Wann und wo wurde es gesagt? _______________ Alter?

Wer hat es gehört? _______________________

„

„„

Wann und wo wurde es gesagt? _______________ Alter?

Wer hat es gehört? _______________________

„

„„

 Wann und wo wurde es gesagt? _______________

Wer hat es gehört? _______________________

Wann und wo wurde es gesagt? _______________ Alter?

Wer hat es gehört? _______________

Wann und wo wurde es gesagt? _______________ Alter?

Wer hat es gehört? _______________

Wann und wo wurde es gesagt? _______________

Wer hat es gehört? _______________

"

„

Alter?

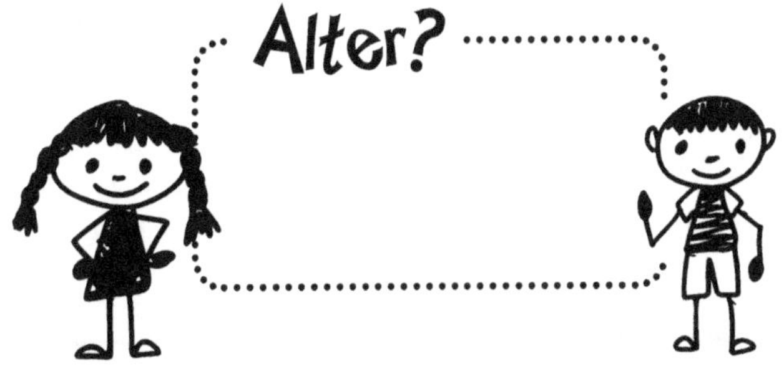

Wann und wo wurde es gesagt? _____________ Alter? _____________

Wer hat es gehört? _____________

,,

Wann und wo wurde es gesagt? _____________ Alter? _____________

Wer hat es gehört? _____________

,,

Wann und wo wurde es gesagt? _______________

Wer hat es gehört? _______________

Wann und wo wurde es gesagt? _______________ Alter?

Wer hat es gehört? _____________________

99

Wann und wo wurde es gesagt? _______________ Alter?

Wer hat es gehört? _____________________

99

Wann und wo wurde es gesagt? _______________

Wer hat es gehört? _______________

Wann und wo wurde es gesagt? _______________ Alter? ┄┄┄

Wer hat es gehört? _______________________

„

"

Wann und wo wurde es gesagt? _______________ Alter? ┄┄┄

Wer hat es gehört? _______________________

„

"

Wann und wo wurde es gesagt? _______________

Wer hat es gehört? _______________

Alter?

Wann und wo wurde es gesagt? _______________ Alter? ⋯⋯⋯

Wer hat es gehört? _______________________

„
"

Wann und wo wurde es gesagt? _______________ Alter? ⋯⋯⋯

Wer hat es gehört? _______________________

„
"

Wann und wo wurde es gesagt? _______________

Wer hat es gehört? _______________

Wann und wo wurde es gesagt? _______________ Alter?

Wer hat es gehört? _______________________

"

"

Wann und wo wurde es gesagt? _______________ Alter?

Wer hat es gehört? _______________________

"

"

Wann und wo wurde es gesagt? _______________

Wer hat es gehört? _______________

"

"

23

Wann und wo wurde es gesagt? _______________ Alter?

Wer hat es gehört? _____________________

99

"

Wann und wo wurde es gesagt? _______________ Alter?

Wer hat es gehört? _____________________

99

"

Wann und wo wurde es gesagt? _______________________

Wer hat es gehört? _______________________

25

Wann und wo wurde es gesagt? _______________   Alter?

Wer hat es gehört? _____________________

Wann und wo wurde es gesagt? _______________   Alter?

Wer hat es gehört? _____________________

 Wann und wo wurde es gesagt? _________________

Wer hat es gehört? _________________________

Wann und wo wurde es gesagt? _______________ Alter? ⋯⋯⋯

Wer hat es gehört? _______________________

„

„„

Wann und wo wurde es gesagt? _______________ Alter? ⋯⋯⋯

Wer hat es gehört? _______________________

„

„„

Wann und wo wurde es gesagt? _______________________

Wer hat es gehört? _______________________

29

Wann und wo wurde es gesagt? _______________   Alter?

Wer hat es gehört? _______________

"

Wann und wo wurde es gesagt? _______________   Alter?

Wer hat es gehört? _______________

"

Wann und wo wurde es gesagt? _______________

Wer hat es gehört? _______________

,,

"

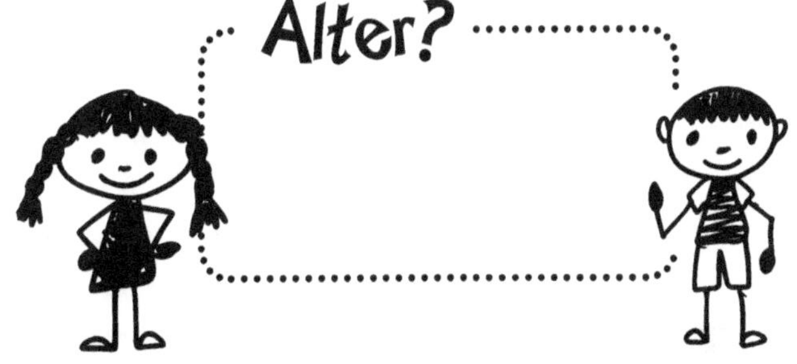

Wann und wo wurde es gesagt? _______________ Alter?

Wer hat es gehört? _______________________

"

"

Wann und wo wurde es gesagt? _______________ Alter?

Wer hat es gehört? _______________________

"

"

Wann und wo wurde es gesagt? _______________________

Wer hat es gehört? _______________________

33

Wann und wo wurde es gesagt? _______________ Alter? ....

Wer hat es gehört? _______________________

,,

Wann und wo wurde es gesagt? _______________ Alter? ....

Wer hat es gehört? _______________________

,,

Wann und wo wurde es gesagt? _______________________

Wer hat es gehört? _______________________

Wann und wo wurde es gesagt? _______________ Alter? ....

Wer hat es gehört? _______________________

Wann und wo wurde es gesagt? _______________ Alter? ....

Wer hat es gehört? _______________________

Wann und wo wurde es gesagt? _______________

Wer hat es gehört? _______________

Alter?

Wann und wo wurde es gesagt? _______________ Alter? _______

Wer hat es gehört? _______________

Wann und wo wurde es gesagt? _______________ Alter? _______

Wer hat es gehört? _______________

Wann und wo wurde es gesagt? _______________

Wer hat es gehört? _______________

Alter?

Wann und wo wurde es gesagt? _______________ Alter?

Wer hat es gehört? _____________________

99

Wann und wo wurde es gesagt? _______________ Alter?

Wer hat es gehört? _____________________

99

Wann und wo wurde es gesagt? _______________________

Wer hat es gehört? _________________________________

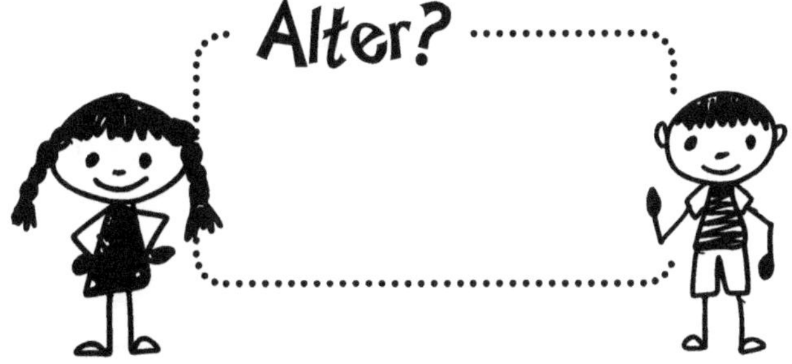

Wann und wo wurde es gesagt? _______________   Alter?

Wer hat es gehört? _______________

,,

,,

Wann und wo wurde es gesagt? _______________   Alter?

Wer hat es gehört? _______________

,,

,,

Wann und wo wurde es gesagt? _______________

Wer hat es gehört? _______________

Wann und wo wurde es gesagt? _______________ Alter?

Wer hat es gehört? _______________________

„

„

Wann und wo wurde es gesagt? _______________ Alter?

Wer hat es gehört? _______________________

„

„

Wann und wo wurde es gesagt? _______________

Wer hat es gehört? _______________

Wann und wo wurde es gesagt? _______________ Alter?

Wer hat es gehört? _______________________

Wann und wo wurde es gesagt? _______________ Alter?

Wer hat es gehört? _______________________

Wann und wo wurde es gesagt? ___________________

Wer hat es gehört? ___________________

Wann und wo wurde es gesagt? _____________   Alter?

Wer hat es gehört? _____________________

Wann und wo wurde es gesagt? _____________   Alter?

Wer hat es gehört? _____________________

Wann und wo wurde es gesagt? _______________________

Wer hat es gehört? _______________________

Alter?

49

Wann und wo wurde es gesagt? _______________ Alter?

Wer hat es gehört? _______________________

,,

``

Wann und wo wurde es gesagt? _______________ Alter?

Wer hat es gehört? _______________________

,,

``

Wann und wo wurde es gesagt? _______________

Wer hat es gehört? _______________

Wann und wo wurde es gesagt? _______________ Alter?

Wer hat es gehört? _______________

,,

''

Wann und wo wurde es gesagt? _______________ Alter?

Wer hat es gehört? _______________

,,

''

Wann und wo wurde es gesagt? _______________

Wer hat es gehört? _______________________________

Wann und wo wurde es gesagt? _____________ Alter?

Wer hat es gehört? _____________

Wann und wo wurde es gesagt? _____________ Alter?

Wer hat es gehört? _____________

Wann und wo wurde es gesagt? _______________

Wer hat es gehört? _______________

Wann und wo wurde es gesagt? _______________ Alter?

Wer hat es gehört? _______________

„

"

Wann und wo wurde es gesagt? _______________ Alter?

Wer hat es gehört? _______________

„

"

Wann und wo wurde es gesagt? _______________

Wer hat es gehört? _______________

57

Wann und wo wurde es gesagt? _______________ Alter?

Wer hat es gehört? _______________

„

"

Wann und wo wurde es gesagt? _______________ Alter?

Wer hat es gehört? _______________

„

"

Wann und wo wurde es gesagt? _______________________

Wer hat es gehört? _______________________

Wann und wo wurde es gesagt? _______________ Alter?

Wer hat es gehört? _______________________

Wann und wo wurde es gesagt? _______________ Alter?

Wer hat es gehört? _______________________

Wann und wo wurde es gesagt? _______________

Wer hat es gehört? _______________

Wann und wo wurde es gesagt? _______________ Alter?

Wer hat es gehört? _______________

"

„

Wann und wo wurde es gesagt? _______________ Alter?

Wer hat es gehört? _______________

"

„

Wann und wo wurde es gesagt? _______________________

Wer hat es gehört? _______________________________

Wann und wo wurde es gesagt? _______________ Alter?

Wer hat es gehört? _______________________

,,

"

Wann und wo wurde es gesagt? _______________ Alter?

Wer hat es gehört? _______________________

,,

"

Wann und wo wurde es gesagt? _______________

Wer hat es gehört? _______________

Wann und wo wurde es gesagt? _______________   Alter?

Wer hat es gehört? _____________________

"

"

Wann und wo wurde es gesagt? _______________   Alter?

Wer hat es gehört? _____________________

"

"

66

Wann und wo wurde es gesagt? _______________

Wer hat es gehört? _______________

Wann und wo wurde es gesagt? _______________ Alter?

Wer hat es gehört? _______________________

>

Wann und wo wurde es gesagt? _______________ Alter?

Wer hat es gehört? _______________________

>

Wann und wo wurde es gesagt? _______________________

Wer hat es gehört? _______________________

"

"

Wann und wo wurde es gesagt? _____________ Alter?

Wer hat es gehört? _____________

"

"

Wann und wo wurde es gesagt? _____________ Alter?

Wer hat es gehört? _____________

"

"

70

Wann und wo wurde es gesagt? _______________

Wer hat es gehört? _______________________

Wann und wo wurde es gesagt? _____________ Alter?

Wer hat es gehört? _____________________

"

Wann und wo wurde es gesagt? _____________ Alter?

Wer hat es gehört? _____________________

"

Wann und wo wurde es gesagt? _______________________

Wer hat es gehört? _______________________

Wann und wo wurde es gesagt? _____________ Alter? ┈┈┈

Wer hat es gehört? _____________________

„

"

Wann und wo wurde es gesagt? _____________ Alter? ┈┈┈

Wer hat es gehört? _____________________

„

"

Wann und wo wurde es gesagt? _______________

Wer hat es gehört? _______________

Wann und wo wurde es gesagt? _______________   Alter?

Wer hat es gehört? _______________________

Wann und wo wurde es gesagt? _______________   Alter?

Wer hat es gehört? _______________________

Wann und wo wurde es gesagt? _______________________

Wer hat es gehört? _______________________

""

Alter?

77

Wann und wo wurde es gesagt? ________________ Alter?

Wer hat es gehört? ________________________

,,

"

Wann und wo wurde es gesagt? ________________ Alter?

Wer hat es gehört? ________________________

,,

"

Wann und wo wurde es gesagt? _______________

Wer hat es gehört? _______________

Wann und wo wurde es gesagt? _____________ Alter?

Wer hat es gehört? _____________________

,,

''

Wann und wo wurde es gesagt? _____________ Alter?

Wer hat es gehört? _____________________

,,

''

Wann und wo wurde es gesagt? _______________

Wer hat es gehört? _______________

Alter?

Wann und wo wurde es gesagt? _______________ Alter?

Wer hat es gehört? _______________

99

Wann und wo wurde es gesagt? _______________ Alter?

Wer hat es gehört? _______________

99

Wann und wo wurde es gesagt? _______________

Wer hat es gehört? _______________

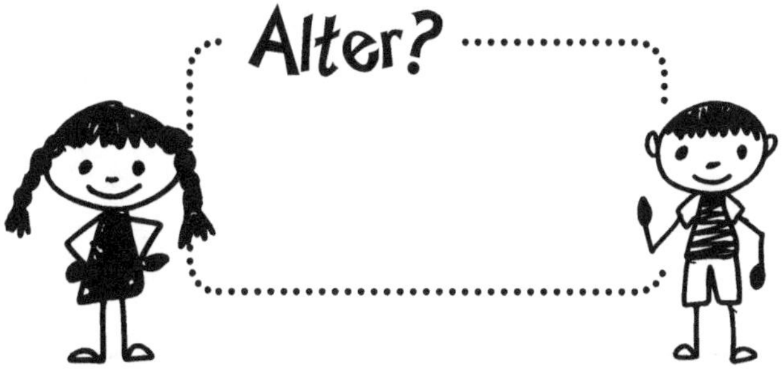

Wann und wo wurde es gesagt? _______________   Alter?

Wer hat es gehört? _______________

Wann und wo wurde es gesagt? _______________   Alter?

Wer hat es gehört? _______________

Wann und wo wurde es gesagt? _______________

Wer hat es gehört? _______________

Wann und wo wurde es gesagt? _____________ Alter?

Wer hat es gehört? _____________

„

"

Wann und wo wurde es gesagt? _____________ Alter?

Wer hat es gehört? _____________

„

"

Wann und wo wurde es gesagt? _______________

Wer hat es gehört? _______________

Wann und wo wurde es gesagt? _______________ Alter? ⋯⋯

Wer hat es gehört? _____________________

„

"

Wann und wo wurde es gesagt? _______________ Alter? ⋯⋯

Wer hat es gehört? _____________________

„

"

Wann und wo wurde es gesagt? _______________

Wer hat es gehört? _______________

Wann und wo wurde es gesagt? _______________ Alter?

Wer hat es gehört? _____________________

Wann und wo wurde es gesagt? _______________ Alter?

Wer hat es gehört? _____________________

Wann und wo wurde es gesagt? _______________

Wer hat es gehört? _______________

Wann und wo wurde es gesagt? _______________ Alter?

Wer hat es gehört? _______________

"

"

Wann und wo wurde es gesagt? _______________ Alter?

Wer hat es gehört? _______________

"

"

Wann und wo wurde es gesagt? _______________

Wer hat es gehört? _______________

,,

"

93

Wann und wo wurde es gesagt? _____________ Alter?

Wer hat es gehört? _____________

Wann und wo wurde es gesagt? _____________ Alter?

Wer hat es gehört? _____________

Wann und wo wurde es gesagt? _______________

Wer hat es gehört? _______________

Wann und wo wurde es gesagt? _______________ Alter?

Wer hat es gehört? _______________________

„

"

Wann und wo wurde es gesagt? _______________ Alter?

Wer hat es gehört? _______________________

„

"

Wann und wo wurde es gesagt? _______________

Wer hat es gehört? _______________

Alter?

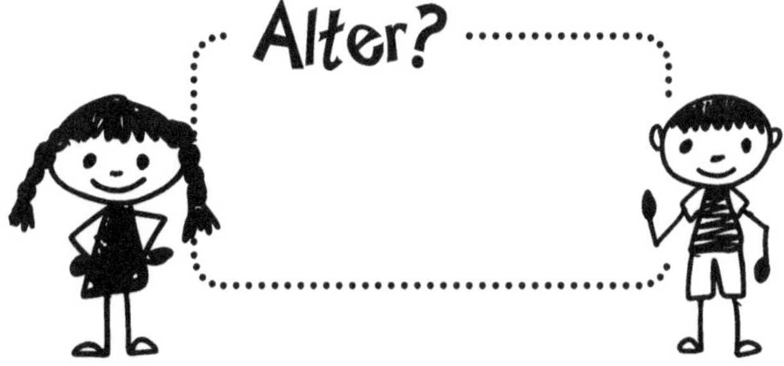

Wann und wo wurde es gesagt? _______________ Alter?

Wer hat es gehört? _____________________

,,

''

Wann und wo wurde es gesagt? _______________ Alter?

Wer hat es gehört? _____________________

,,

''

Wann und wo wurde es gesagt? _______________

Wer hat es gehört? _______________

Wann und wo wurde es gesagt? _______________ Alter?

Wer hat es gehört? _______________________

,,

"

Wann und wo wurde es gesagt? _______________ Alter?

Wer hat es gehört? _______________________

,,

"

 Wann und wo wurde es gesagt? ___________

Wer hat es gehört? _________________________

Wann und wo wurde es gesagt? _______________ Alter?

Wer hat es gehört? _____________________

Wann und wo wurde es gesagt? _______________ Alter?

Wer hat es gehört? _____________________

Wann und wo wurde es gesagt? _______________

Wer hat es gehört? _______________

Wann und wo wurde es gesagt? _______________ Alter?

Wer hat es gehört? _______________________

„

"

Wann und wo wurde es gesagt? _______________ Alter?

Wer hat es gehört? _______________________

„

"